TEXAS
FUENTE DE
ESCRITURA
Guía de ortografía

GREAT
SOURCE®

HOUGHTON MIFFLIN HARCOURT

Printed in the U.S.A.

ISBN 978-0-547-44093-4

1 2 3 4 5 6 7 8 9 10 0877 19 18 17 16 15 14 13 12 11 10

Art Credits:
7 © Ingram Publishing/Getty Images

CONTENIDO

Lección 1

En esta lección, aprenderás las reglas ortográficas de las **palabras agudas.** Algunas palabras agudas son **saltar, hotel, salud, anís, subió** y **tazón.**

Lee las palabras de ortografía y las oraciones.

empezó

salir

sofá

mural

pregunté

visor

también

atrás

atención

cantar

1. El partido **empezó** más tarde de lo previsto.
2. No puedo **salir** de paseo, tengo que estudiar.
3. Compramos un **sofá** nuevo muy cómodo.
4. Este **mural** tiene unos colores hermosos.
5. Le **pregunté** a papá si podía comer postre.
6. Se rompió el **visor** de mi cámara fotográfica.
7. Creo que **también** debo estudiar matemáticas.
8. Pongan ahí **atrás** las sillas que sobran.
9. Presta **atención** a lo que dice el maestro.
10. Me encanta **cantar** en el coro de la escuela.

Clasifica las palabras de ortografía en dos grupos. Piensa en la acentuación de cada palabra. Luego responde las preguntas para descubrir las reglas ortográficas.

- ¿Cómo clasificaste las palabras?

- ¿Qué tienen en común todas las palabras?

- Piensa en otros ejemplos de palabras agudas. Utiliza fuentes impresas o electrónicas (diccionarios, glosarios, manuales) para determinar cómo se escriben correctamente.

Aprende la regla ortográfica.

Las **palabras agudas** son aquellas que llevan acento prosódico en la última sílaba; es decir, la última sílaba se pronuncia con mayor fuerza. Llevan acento ortográfico las palabras agudas que terminan en -*n*, -*s* o vocal.

ta-**zón**   a-**nís**   su-**bió**

No llevan acento ortográfico las palabras agudas que no terminan en -*n*, -*s* o vocal.

sal-**tar**   ho-**tel**   sa-**lud**

Practica separar en sílabas las palabras de esta semana. Responde las preguntas y completa las oraciones.

1. ¿Qué debes prestar si quieres entender?
2. Tengo naranjas, peras y ___ manzanas.
3. Voy a ___ una canción en el acto escolar.
4. ¿Qué palabra es el opuesto de *terminó*?
5. ¿Qué palabra es un sinónimo de *pantalla*?
6. Un famoso artista de la ciudad pintó este ___.
7. Le ___ a mamá si podíamos ir al parque.
8. ¿Dónde te puedes sentar a ver televisión?
9. ¿Qué palabra es lo opuesto de *adelante*?
10. Quiero invitar a ___ a Juana.

Escribe las palabras. Escribe las palabras de ortografía en una hoja aparte. Usa la regla ortográfica que aprendiste para verificar si las has escrito correctamente. Luego escribe una oración con cada palabra para demostrar que sabes lo que significa.

 TEKS 4.22A(i), 4.22G

Lección 2

En esta lección, aprenderás las reglas ortográficas de las ***palabras agudas.*** Algunas palabras agudas son ***camarón, vendrás, miré, feliz*** y ***calor.***

Lee las palabras de ortografía y las oraciones.

pastel
jamás
francés
color
azul
acumulación
pared
mandón
animal
salió

1.   El ***pastel*** de cumpleaños estaba riquísimo.
2.   Prometo que ***jamás*** lo volveré a hacer.
3.   El tío de mi mejor amiga es ***francés.***
4.   Tu camiseta es de un ***color*** muy original.
5.   El cielo es color ***azul*** intenso.
6.   Cuando hay muchas cosas juntas, hay una ***acumulación.***
7.   Colgaremos varios cuadros en esa ***pared.***
8.   Mi amigo Tomás es muy ***mandón.***
9.   El perro es un ***animal*** muy inteligente.
10.   El sol ***salió*** a las seis de la mañana.

Clasifica las palabras de ortografía en cuatro grupos. Observa la última letra de cada palabra y clasifícalas. Luego responde las siguientes preguntas para descubrir las reglas ortográficas de las palabras agudas.

*   ¿Cómo clasificaste las palabras?

*   ¿Qué tienen en común todas las palabras?
    ¿En qué se diferencian?

*   Piensa en otros ejemplos de palabras agudas. Utiliza fuentes impresas o electrónicas (diccionarios, glosarios, manuales) para determinar cómo se escriben correctamente.

Aprende la regla ortográfica.

Las **palabras agudas** son aquellas en las que la última sílaba es también la sílaba tónica o con acento prosódico. Recuerda: llevan acento ortográfico únicamente las palabras agudas que terminan en *-n, -s* o vocal.

ca-ma-**rón**   ven-**drás**   mi-**ré**

No llevan acento ortográfico las palabras agudas que no terminan en *-n, -s* o vocal.

ca-**lor**   fe-**liz**

Practica separar en sílabas las palabras de esta semana. Responde las preguntas y completa las oraciones.

1. ¿Cuál es el pretérito de "salir" en tercera persona singular?
2. ¿A qué reino pertenecen los perros, los gatos y las aves?
3. El ___ es un idioma europeo.
4. Esta ___ está hecha de ladrillos.
5. Teníamos una gran ___ de cuentos para leer.
6. ¿Qué color aprendiste en esta lección?
7. Peter Pan vive en el país de Nunca ___.
8. ¿Cómo se le dice a alguien que da muchas órdenes?
9. Debemos pintar este cuarto de ___ blanco.
10. ¿Qué se come en una fiesta de cumpleaños?

Escribe las palabras. Escribe las palabras de ortografía en una hoja aparte. Usa la regla ortográfica que aprendiste para verificar si las has escrito correctamente. Luego escribe una oración con cada palabra para demostrar que sabes lo que significa.

Lección 3

En esta lección, aprenderás las reglas ortográficas de las ***palabras graves.*** Algunas palabras graves son ***árbol, álbum, dócil, saco, salen*** y ***casos.***

Lee las palabras de ortografía y las oraciones.

azúcar

dijeron

carácter

blancos

inmóvil

bomberos

sutiles

árbol

lápiz

compacta

1. Le puse poca ***azúcar*** a los cereales.
2. Los maestros ***dijeron*** que debíamos estudiar más.
3. ¡Qué mal ***carácter*** que tiene Manuel!
4. Los vestidos de verano de mamá son ***blancos.***
5. Cuando vi ese perro enorme, me quedé ***inmóvil.***
6. Los ***bomberos*** llegaron rápido para apagar el incendio.
7. Mi casa está pintada con colores muy ***sutiles.***
8. Ayer descubrimos un ***árbol*** de manzanas.
9. Ese dibujo está hecho con ***lápiz*** y acuarelas.
10. El camión recoge y ***compacta*** la basura.

Clasifica las palabras de ortografía en dos grupos. Piensa en la acentuación de cada palabra. Luego responde las preguntas para descubrir las reglas ortográficas.

- ¿Cómo clasificaste las palabras?

- ¿Qué tienen en común todas las palabras?

- Piensa en otros ejemplos de palabras graves. Utiliza fuentes impresas o electrónicas (diccionarios, glosarios, manuales) para determinar cómo se escriben correctamente.

Aprende la regla ortográfica.

Las **palabras graves** son aquellas que llevan acento prosódico en la penúltima sílaba; es decir, la penúltima sílaba se pronuncia con mayor fuerza. Llevan acento ortográfico las palabras graves que **no** terminan en *-n, -s* o vocal.

ár-bol   **ál**-bum   **dó**-cil

No llevan acento ortográfico las palabras graves que terminan en *-n, -s* o vocal.

sa-co   **sa**-len   **ca**-sos

Practica separar en sílabas las palabras de esta semana. Responde las preguntas y completa las oraciones.

1. La masa debe ser suave y esponjosa, no tan ___.
2. ¿Qué tiene un tronco marrón y hojas verdes?
3. ¿Qué útil escolar se usa para dibujar?
4. ¿Qué palabra es sinónimo de *tenues*?
5. ¿Qué palabra es sinónimo de *quieto*?
6. Mis tíos ___ que no podían venir a casa.
7. A la mañana temprano no tengo muy buen ___.
8. Cuando vio el incendio, mamá llamó a los ___.
9. Los peones del ajedrez son ___ o negros.
10. ¿Con qué endulzas la leche?

Escribe las palabras.

Escribe las palabras de ortografía en una hoja aparte. Usa la regla ortográfica que aprendiste para verificar si las has escrito correctamente. Luego escribe una oración con cada palabra para demostrar que sabes lo que significa.

 **TEKS** 4.22A(ii), 4.22G

Lección 4

En esta lección, aprenderás las reglas ortográficas de las ***palabras graves.*** Algunas palabras graves son ***trébol, césped, lápiz, juegan, salidas*** y ***carta.***

Lee las palabras de ortografía y las oraciones.

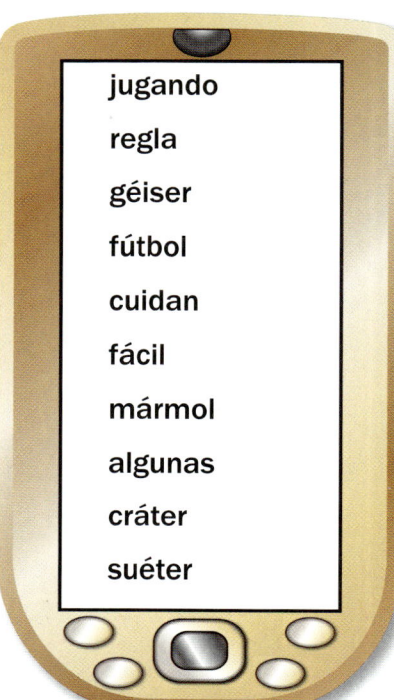

jugando

regla

géiser

fútbol

cuidan

fácil

mármol

algunas

cráter

suéter

1. El perrito está ***jugando*** con el gato.
2. Juan me pidió prestada la ***regla.***
3. Ayer visitamos un ***géiser,*** que es una fuente termal.
4. Jugamos al ***fútbol*** en el parque.
5. Nuestros abuelos siempre nos ***cuidan.***
6. La prueba de ortografía fue muy ***fácil.***
7. La estatua es de ***mármol.***
8. ***Algunas*** frutas son más ricas que otras.
9. Un ***cráter*** es como un pozo muy grande.
10. Me puse un ***suéter*** porque tenía frío.

Clasifica las palabras de ortografía en cuatro grupos. Piensa en la última letra de cada palabra. Luego responde las siguientes preguntas para descubrir las reglas de ortografía de las palabras graves.

- ¿Cómo clasificaste las palabras?

- ¿Qué tienen en común todas estas palabras?
  ¿En qué se diferencian?

- Piensa en otros ejemplos de palabras graves. Utiliza fuentes impresas o electrónicas (diccionarios, glosarios, manuales) para determinar cómo se escriben correctamente.

Aprende la regla ortográfica.

Las **palabras graves** tienen acento prosódico en la penúltima sílaba, que es también la sílaba tónica. Recuerda: llevan acento ortográfico las palabras graves que **no** terminan en *-n, -s* o vocal.

tré-bol   **cés**-ped   **lá**-piz

No llevan acento ortográfico las palabras graves terminadas en *-n, -s* o vocal.

jue-gan   sa-**li**-das   **car**-ta

Practica separar en sílabas las palabras de esta semana. Responde las preguntas y completa las oraciones.

1. El piso de ___ es muy frío.
2. ¿Cómo se llama una fuente natural que lanza agua?
3. Desde aquí se ve un gran ___ en la Luna.
4. Puedes comer ___ galletas, no todas.
5. ¿Qué instrumento se usa para hacer líneas rectas?
6. ¿Qué es lo contrario de difícil?
7. ¿Qué palabra rima con *nadando*?
8. ¿Con qué te abrigas en invierno?
9. En el zoológico ___ a los animales.
10. Mi tío juega ___ profesional.

Escribe las palabras. Escribe las palabras de ortografía en una hoja aparte. Usa la regla ortográfica que aprendiste para verificar si las has escrito correctamente. Luego escribe una oración con cada palabra para demostrar que sabes lo que significa.

Lección 5

En esta lección, aprenderás las reglas ortográficas de las ***palabras esdrújulas.*** Algunas palabras esdrújulas son: ***brújula, espectáculo*** y ***fantástico.***

Lee las palabras de ortografía y las oraciones.

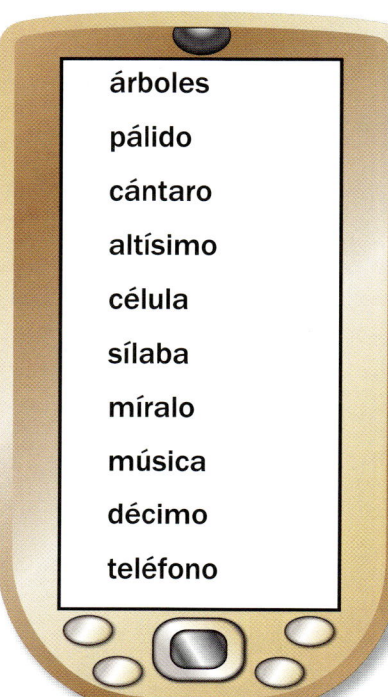

árboles

pálido

cántaro

altísimo

célula

sílaba

míralo

música

décimo

teléfono

1. Los ***árboles*** dan sombra sobre el camino.

2. Juan se puso ***pálido*** del susto.

3. María usaba un ***cántaro*** para llevar agua.

4. El *Empire State* es un rascacielos ***altísimo.***

5. En un experimento, Pedro pudo ver una ***célula.***

6. Debes pronunciar cada ***sílaba*** de una palabra.

7. ***Míralo,*** ahí está, haciendo su tarea.

8. El rock es el tipo de ***música*** preferido de Javier.

9. El corredor salió ***décimo*** en la maratón.

10. Mi hermano habló por ***teléfono*** toda la tarde.

Clasifica las palabras de ortografía en grupos. Clasifica las palabras en grupos según la sílaba en la que estén acentuadas. Luego responde las siguientes preguntas.

- ¿Cuántos grupos pudiste formar?

- ¿Por qué?

- Piensa en otros ejemplos de palabras esdrújulas. Utiliza fuentes impresas o electrónicas (diccionarios, glosarios, manuales) para determinar cómo se escriben correctamente.

Aprende la regla ortográfica.

Las **palabras esdrújulas** son aquellas que llevan acento prosódico en la antepenúltima sílaba. Siempre llevan acento ortográfico.

brú-ju-la   es-pec-**tá**-cu-lo   fan-**tás**-ti-co

Las palabras *brújula, espectáculo* y *fantástico* tienen acento prosódico en la antepenúltima sílaba y llevan siempre acento ortográfico.

Practica escribir las palabras de esta semana. Responde las preguntas y completa las oraciones.

1. ¿Qué usamos para llamar a nuestros amigos?
2. Cuando algo es muy alto es ___.
3. Cuando dividimos algo entre diez, ¿cómo se llama cada parte?
4. Alguien toca un instrumento para crear ___.
5. ¿Qué recipiente se puede usar para transportar agua?
6. ¿Qué esperas encontrar en un bosque?
7. Generalmente, ¿cómo se pone alguien cuando se asusta?
8. Cada ___ cumple una función en el cuerpo humano.
9. No todas las palabras se acentúan en la misma ___.
10. No pierdas de vista al perro, ___ todo el tiempo.

Escribe las palabras. Escribe las palabras de ortografía en una hoja aparte. Usa la regla ortográfica que aprendiste para verificar si las has escrito correctamente. Luego escribe una oración con cada palabra para demostrar que sabes lo que significa.

Lección 6

En esta lección, aprenderás las reglas ortográficas de las ***palabras esdrújulas.*** Algunas palabras esdrújulas son ***cápsula, único*** y ***eléctrico.***

Lee las palabras de ortografía y las oraciones.

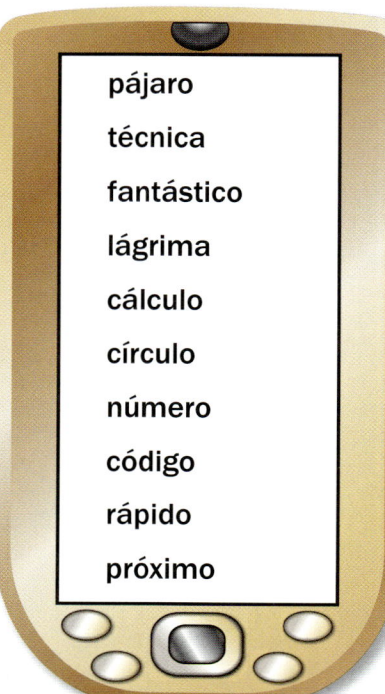

pájaro

técnica

fantástico

lágrima

cálculo

círculo

número

código

rápido

próximo

1. Hay un ***pájaro*** de colores en el árbol.

2. Se necesita saber una ***técnica*** para pintar al óleo.

3. El partido de béisbol fue ***fantástico.***

4. Aunque la culparon, no derramó ni una ***lágrima.***

5. Ella resuelve hasta el ***cálculo*** más difícil.

6. Es muy difícil dibujar un ***círculo*** perfecto a mano alzada.

7. Quise llamarla, pero no tenía su ***número*** de teléfono.

8. Se necesita un ***código*** para abrir la caja fuerte.

9. Él era muy ***rápido,*** nadie podía alcanzarlo.

10. Perdimos este tren, tendremos que tomar el ***próximo.***

Clasifica las palabras de ortografía en grupos. Observa cómo está acentuada cada palabra. Clasifica en grupos las palabras según la sílaba en la que estén acentuadas y responde las siguientes preguntas.

- ¿Cuántos grupos pudiste formar?

- ¿Por qué?

- Piensa en otros ejemplos de palabras esdrújulas. Utiliza fuentes impresas o electrónicas (diccionarios, glosarios, manuales) para determinar cómo se escriben correctamente.

Aprende la regla ortográfica.

Las **palabras esdrújulas** son aquellas que llevan acento prosódico en la antepenúltima sílaba. Siempre llevan acento ortográfico.

cáp-su-la

ú-ni-co

e-**léc**-tri-co

Las palabras **cápsula, único** y **eléctrico** tienen el acento prosódico en la antepenúltima sílaba y llevan acento ortográfico.

Practica separar en sílabas las palabras de esta semana. Responde las preguntas y completa las oraciones.

1. ¿Cómo se llama la figura geométrica que tiene forma redonda?

2. ¿Qué palabra es sinónimo de *método*?

3. ¿Qué animal tiene plumas y puede volar?

4. El programa de televisión fue ___, muy entretenido.

5. ¿Cómo se llama la gota de agua que sale de los ojos cuando lloramos?

6. No sé cuánto gastamos en el restaurante, hay que sacar el ___.

7. Necesito ingresar un ___ para tener acceso a la información.

8. El ___ avión a París sale en 20 minutos.

9. El niño corrió muy ___, pero no logró ganar la carrera.

10. ¿Qué ___ es mayor que 9 y múltiplo de 5?

Escribe las palabras. Escribe las palabras de ortografía en una hoja aparte. Usa la regla ortográfica que aprendiste para verificar si las has escrito correctamente. Luego escribe una oración con cada palabra para demostrar que sabes lo que significa.

 **TEKS** 4.22E, 4.22G

Lección 7

En esta lección, aprenderás sobre el uso del **acento diacrítico.** Este tipo de acento es el que aparece en palabras como **sólo, tú** y **más.**

Lee **las palabras de ortografía y las oraciones.**

mi/mí
tu/tú
te/té
el/él
se/sé
de/dé
mas/más
si/sí
solo/sólo
estas/éstas

1. Ésa es **mi** cena, ella la hizo para **mí.**
2. ¿**Tú** no sabes **tu** propio número telefónico?
3. Ya **te** he dicho que no hay café, hay **té.**
4. **Él** sacó **el** árbol de raíz para cambiarlo de lugar.
5. **Sé** que no **se** puede viajar en el tiempo, eso es fantasía.
6. Aunque ella le **dé** el dinero **de** su padre, él no lo aceptará.
7. Sabía qué le regalarían, **mas** no podía esperar **más.**
8. **Si** te gusta algo, di que **sí;** si no te gusta, di que no.
9. No era malo, **sólo** le gustaba pasar tiempo **solo.**
10. **Estas** camisetas están más limpias que **éstas.**

Clasifica **las palabras de ortografía en grupos.** Observa las palabras de ortografía y analiza si los pares de palabras tienen el mismo significado o la misma función gramatical. Luego responde las siguientes preguntas.

- ¿Has tenido coincidencia de significado o función en un par de palabras?

- ¿Para qué crees que sirve el acento ortográfico?

- Piensa en otros ejemplos de acento diacrítico. Utiliza fuentes impresas o electrónicas (diccionarios, glosarios, manuales) para determinar cómo se escriben correctamente.

Aprende la regla ortográfica.

El **acento diacrítico** se usa cuando dos o más palabras se escriben igual pero tienen distinto significado o función gramatical.

tú: pronombre personal (**Tú** tienes mi playera).

tu: adjetivo posesivo (**Tu** carro es muy rápido).

sólo: adverbio (**Sólo** come verduras).

solo: adjetivo (Siempre anda **solo**).

más: adverbio (Sé **más** prudente).

mas: conjunción (Quería ir, **mas** no lo dejaron).

Practica escribir las palabras de esta semana. Responde las preguntas

y completa las oraciones.

1. ¿Cómo estás cuando no hay nadie a tu alrededor?
2. ¿Qué otra palabra podemos usar en lugar de *pero*?
3. La casa no era ___ ladrillos y no resistió el viento fuerte.
4. ___ es el papá de Pedro y Marta.
5. ¿Cuál es la séptima nota musical?
6. ¿Qué beben los ingleses a las 5 de la tarde?
7. Vino ___ porque quería tomar un poco de agua.
8. No ___ si comprar este vestido o aquél.
9. ¿Qué palabra usas para responder afirmativamente a una pregunta?
10. Ella no podía correr ___, estaba muy cansada.

Escribe las palabras. Escribe las palabras de ortografía

en una hoja aparte. Usa la regla ortográfica que aprendiste
para verificar si las has escrito correctamente. Luego escribe
una oración con cada palabra para demostrar que sabes
lo que significa.

TEKS 4.22E, 4.22G

Lección 8

En esta lección, aprenderás más sobre el uso del **acento diacrítico.** Este tipo de acento es el que aparece en palabras como **quiénes, qué** y **ésos.**

Lee las palabras de ortografía y las oraciones.

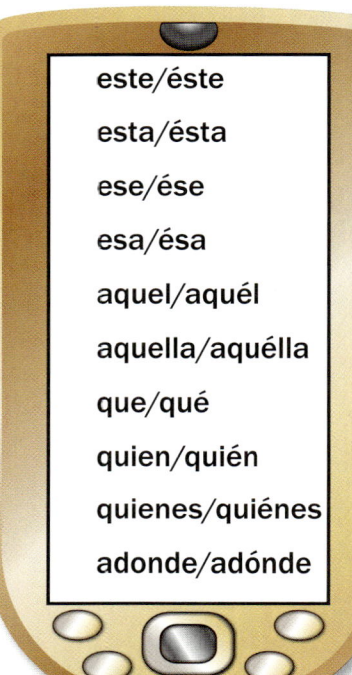

este/éste
esta/ésta
ese/ése
esa/ésa
aquel/aquél
aquella/aquélla
que/qué
quien/quién
quienes/quiénes
adonde/adónde

1. **Éste** es el auto de juguete que me regalaron.

2. Hay que poner **esta** silla en su lugar.

3. **Ese** caballo va a ganar la carrera, es el más rápido.

4. **Ésa** era la mujer que actuaba en la película que vimos.

5. Puedes escoger entre este cuaderno o **aquél.**

6. Todo ocurrió en **aquella** casa, que está embrujada.

7. ¿**Qué** fue lo que hiciste?

8. Él fue **quien** nos dejó pasar aunque estaba cerrado.

9. ¿**Quiénes** fueron a la fiesta?

10. El lugar **adonde** vamos de vacaciones es hermoso.

Clasifica las palabras de ortografía en cuatro grupos. Observa las palabras de la semana y analiza la función gramatical de cada palabra del par para clasificarlas. Luego responde las siguientes preguntas.

- ¿Cómo clasificaste las palabras?

- ¿Para qué crees que sirve el acento ortográfico?

- Piensa en otros ejemplos de acento diacrítico. Utiliza fuentes impresas o electrónicas (diccionarios, glosarios, manuales) para determinar cómo se escriben correctamente.

Aprende la regla ortográfica.

El **acento diacrítico** se usa cuando dos o más palabras se escriben igual pero tienen distinto significado o función gramatical. Los pronombres demostrativos llevan acento ortográfico cuando hay riesgo de malinterpretar la oración.

esos: adjetivo demostrativo (¿Dónde encontraron **esos** documentos secretos?)

ésos: pronombre demostrativo (¿Dónde encontraron **ésos** documentos secretos?)

Los pronombres interrogativos y exclamativos llevan acento ortográfico siempre.

¿**Quiénes** vendrán?   ¿**Qué** es eso?

Practica escribir las palabras de esta semana. Responde las preguntas y completa las oraciones.

1. Los niños ___ fueron a la fiesta se divirtieron.

2. ¿Qué palabra usas para preguntar a qué lugar hay que ir?

3. ___ era el libro que quería, pero no me lo compraron.

4. ¿Qué palabra usarías para señalar a una mujer que está lejos?

5. ___ mujer compró el último vestido que quedaba en la tienda.

6. ¿Qué palabra usarías para preguntar qué personas fueron?

7. ¿Qué palabra usas para referirte a un hombre que está lejos ?

8. Cuando elijes una manzana en la tienda, ¿cómo la señalas?

9. En ___ casa pasé todos los veranos de mi infancia.

10. Todos pueden ir ___ les plazca.

Escribe las palabras. Escribe las palabras de ortografía en una hoja aparte. Usa la regla ortográfica que aprendiste para verificar si las has escrito correctamente. Luego escribe una oración con cada palabra para demostrar que sabes lo que significa.

TEKS 4.22E, 4.22G

Lección 9

En esta lección, aprenderás más sobre el uso del **acento diacrítico.** Este tipo de acento es el que aparece en palabras como **dónde, cuándo** y **aún.**

Lee las palabras de ortografía y las oraciones.

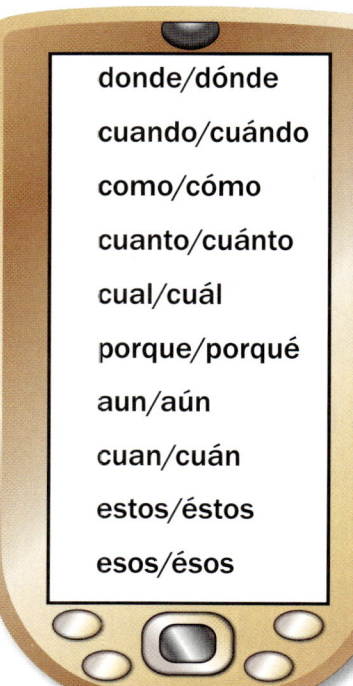

donde/dónde

cuando/cuándo

como/cómo

cuanto/cuánto

cual/cuál

porque/porqué

aun/aún

cuan/cuán

estos/éstos

esos/ésos

1. ¿**Dónde** están las llaves?
2. **Cuando** nos íbamos, sonó el teléfono.
3. No sé **cómo** armar este juguete.
4. ¿**Cuánto** cuesta la pelota de fútbol en la tienda?
5. Sea **cual** sea la excusa, no es válida.
6. No comprendo el **porqué** de su negativa.
7. **Aún** no terminó con su tarea.
8. ¡**Cuán** rápido viajan las noticias!
9. **Estos** pajaritos están aprendiendo a volar.
10. ¡**Ésos** son los zapatos que quiero!

Clasifica las palabras de ortografía en seis grupos. Observa las palabras de la semana y analiza la función gramatical de cada palabra del par para clasificarlas por separado. Luego responde las siguientes preguntas.

- ¿Cómo clasificaste las palabras?

- ¿Para qué crees que sirve el acento ortográfico?

- Piensa en otros ejemplos de acento diacrítico. Utiliza fuentes impresas o electrónicas (diccionarios, glosarios, manuales) para determinar cómo se escriben correctamente.

Aprende **la regla ortográfica**.

El **acento diacrítico** se usa cuando dos o más palabras se escriben igual pero tienen distinto significado o función gramatical, o cuando quedan ambiguas en una oración. Los pronombres interrogativos y exclamativos siempre llevan acento ortográfico.

Aún no terminó la tarea. (*Todavía* no terminó la tarea).

Aun con el libro en la mano, no sabía las respuestas. (*Incluso* con el libro en la mano, no sabía las respuestas).

¿**Dónde** vives?   ¿**Cuándo** vamos?

Practica **escribir las palabras de esta semana.** Responde las preguntas
y completa las oraciones.

1. ¿Qué palabra usamos para preguntar algo sobre un lugar?

2. ___ no terminé el examen, y ya se acaba el tiempo.

3. ¿Qué palabra usamos para preguntar en qué momento pasó algo?

4. Para mi cumpleaños, quiero ___ soldaditos de juguete.

5. No vino a cenar ___ se quedó a cenar en la casa de un amigo.

6. ¿Qué palabra es sinónimo de *razón* o *motivo*?

7. ___ era muy grande, el elefante no pasaba por la puerta.

8. ¿Qué palabra usamos para averiguar el precio de algo?

9. ¡No puedes imaginarte ___ feliz estoy!

10. ¿Qué palabra usamos para pedir que identifiquen un elemento?

Escribe **las palabras.** Escribe las palabras de
ortografía en una hoja aparte. Usa la regla ortográfica
que aprendiste para verificar si las has escrito
correctamente. Luego escribe una oración con cada
palabra para demostrar que sabes lo que significa.

Lección 10

En esta lección, aprenderás sobre **palabras base** y **raíces con afijos.** Algunos ejemplos de este tipo de palabras son **predisponer** y **expatriar.**

Lee las palabras de ortografía y las oraciones.

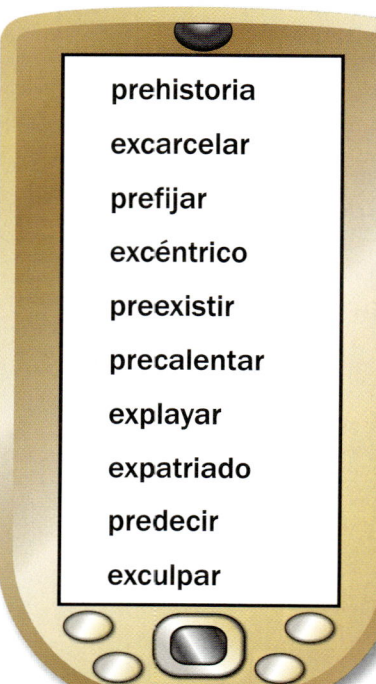

prehistoria

excarcelar

prefijar

excéntrico

preexistir

precalentar

explayar

expatriado

predecir

exculpar

1. Los cavernícolas pertenecen a la **prehistoria.**

2. Es inocente, lo van a **excarcelar.**

3. Hay que **prefijar** la fecha de la fiesta.

4. Él es tan **excéntrico,** hace cosas raras todo el tiempo.

5. "**Preexistir**" significa existir con anterioridad.

6. Hay que **precalentar** el horno para cocinar la carne.

7. Ojalá se pueda **explayar** en su discurso.

8. Está **expatriado** en los Estados Unidos.

9. Nadie puede **predecir** lo que sucederá en el futuro.

10. No van a **exculpar** a Juan, él sí tiene la culpa.

Clasifica las palabras de ortografía en dos grupos. Luego responde las siguientes preguntas.

- ¿Qué criterio de clasificación utilizaste?
- ¿Qué afijos encontraste?

Aprende la regla ortográfica.

Las **palabras base** están formadas solo por la raíz, no tienen afijos. Un **afijo** es una o más letras que se añaden al principio o al final de la **raíz** (elemento que contiene el significado principal) y que le agregan significado o modifican su función gramatical. Si las letras van al principio de la raíz, se las llama **prefijo;** si van al final, **sufijo.**

El prefijo *pre-* significa "delante" o "antes" y *ex-* significa "separación".

afijo	*raíz*
pre	disponer
ex	patriar

Piensa cómo se escriben estas palabras, sus raíces y afijos para comprender el significado.

Practica escribir las palabras de esta semana. Responde las preguntas y completa las oraciones.

1. ¿Cuál es el período de tiempo anterior a la historia?
2. Para cocinar, a veces hay que ___ el horno.
3. ¿Cómo se dice cuando ya no se considera que alguien es culpable?
4. ¿Cómo se denomina a alguien que no vive en su país natal?
5. No se pudo ___ en su narración, lo detuvieron antes.
6. La bruja pudo ___ el futuro.
7. ¿Qué verbo indica que algo existió antes que otra cosa?
8. No lo van a ___, porque robó un banco.
9. ¿Qué verbo se usa para indicar que se fija algo con anticipación?
10. Ese señor es ___, se compra cosas muy extrañas.

Escribe las palabras. Escribe las palabras de ortografía en una hoja aparte. Luego escribe una oración con cada palabra para demostrar que sabes lo que significa.

Lección 11

En esta lección, aprenderás más sobre **palabras base** y **raíces con afijos.** Algunos ejemplos de este tipo de palabras son **posdata, imitable** y **posmodernismo.**

Lee las palabras de ortografía y las oraciones.

navegable

posoperatorio

comunicable

posponer

amable

confiable

posguerra

amigable

posdata

posgrado

1. El barco pudo pasar porque era un río **navegable.**
2. El período **posoperatorio** sirve para descansar.
3. El conocimiento es **comunicable.**
4. Como llovió hubo que **posponer** la fiesta.
5. Ella era una persona **amable** y todos la querían.
6. Puedes contarle tu secreto, él es **confiable.**
7. En la **posguerra** subsisten muchos problemas.
8. Pedro es muy **amigable,** seguro te caerá bien.
9. Puedes agregar datos en la **posdata.**
10. Cuando termine la universidad, hará un **posgrado.**

Clasifica las palabras de ortografía en dos grupos. Luego responde las siguientes preguntas.

- ¿En qué dos grupos clasificaste las palabras?
- ¿Qué prefijos y sufijos encontraste?

Aprende la regla ortográfica.

Las **palabras base** están formadas solo por la raíz, no tienen afijos. Un **afijo** es una o más letras que se añaden al principio o al final de la **raíz** y que le agregan significado o modifican su función gramatical. Si las letras van al principio de la raíz, se las llama **prefijo;** si van al final, **sufijo.**

Los prefijos *post-* o *pos-* significan "detrás" o "después" y los sufijos *-ble, -able* e *-ible* significan "posibilidad de ser".

afijo	raíz		raíz	afijo
pos	data		imit	able
pos	modernismo			

Piensa cómo se escriben estas palabras, sus raíces y afijos.

Practica escribir las palabras de esta semana. Responde las preguntas y completa las oraciones.

1. ¿Cómo decimos cuando hay que retrasar un evento?
2. Todos son amigos de él porque es muy ___.
3. Doctor, ¿cuánto tiempo dura el ___?
4. ¿Qué es lo que escribimos en una carta después de la firma?
5. Mi nieta es tan ___, siempre me ayuda.
6. ¿Cómo describimos a alguien que es de fiar?
7. Su idea es muy clara y ___.
8. Ya terminó su carrera universitaria, ahora hace un ___.
9. ¿Cómo es un río en el que se puede navegar?
10. ¿Cómo se llama el período posterior a una guerra?

Escribe las palabras. Escribe las palabras de ortografía en una hoja aparte. Luego escribe una oración con cada palabra para demostrar que sabes lo que significa.

 **TEKS** 4.22C

Lección 12

En esta lección, aprenderás más sobre **palabras base** y **raíces con afijos**. Algunos ejemplos de este tipo de palabras son **invencible, extraoficial, subsuelo** y **reponer**.

Lee las palabras de ortografía y las oraciones.

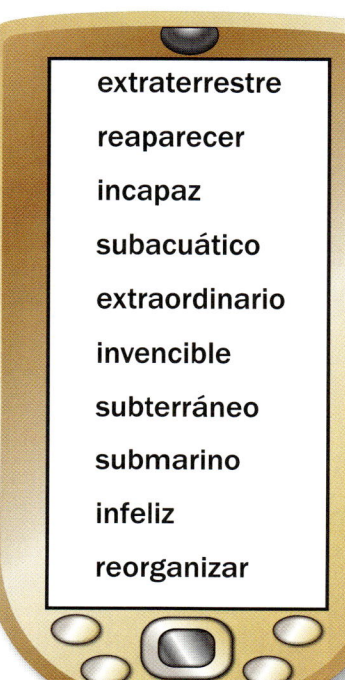

extraterrestre

reaparecer

incapaz

subacuático

extraordinario

invencible

subterráneo

submarino

infeliz

reorganizar

1. Yo vi un **extraterrestre,** pero nadie me cree.
2. No pensé que mi perro iba a **reaparecer.**
3. Él es **incapaz** de haberle mentido a su madre.
4. Un túnel **subacuático** une Inglaterra y Francia.
5. Tiene un don **extraordinario** para tocar el piano.
6. El equipo de fútbol es **invencible,** nadie le gana.
7. El magma **subterráneo** brota en forma de lava.
8. Con un **submarino** se puede explorar el océano.
9. Ella es **infeliz** desde que se le perdió su perro.
10. Hay que **reorganizar** todos los libros de la biblioteca.

Clasifica las palabras de ortografía en cuatro grupos. Luego responde las siguientes preguntas.

- ¿Qué rótulo pondrías a cada grupo?
- ¿Qué palabras incluiste en cada grupo?

Aprende la regla ortográfica.

Las **palabras base** están formadas solo por la raíz, no tienen afijos. Un **afijo** es una o más letras que se añaden al principio o al final de la **raíz** y que le agregan significado o modifican su función gramatical. Si las letras van al principio de la raíz, se las llama **prefijo;** si van al final, **sufijo.**

El prefijo *in-* significa "negación", *extra-* significa "fuera de", *sub-* significa "debajo" y *re-* significa "reiteración".

afijo	*raíz*
in	vencible
extra	oficial
sub	suelo
re	poner

Piensa cómo se escriben estas palabras, sus raíces y afijos.

Practica escribir las palabras de esta semana. Responde las preguntas y completa las oraciones.

1. ¿Qué medio de transporte se usa para viajar debajo del agua?

2. Hubo que ___ las sillas en el salón porque faltó mucha gente.

3. ¿Cómo se denomina algo o alguien que no es de la Tierra?

4. ¿Cómo se denomina algo que se encuentra debajo de la tierra?

5. Dijo que el espectáculo fue ___, mejor que todo lo que vio antes.

6. No pudo haber sido ella, es ___ de hacer una cosa así.

7. ¿Cómo se puede describir a alguien que no es feliz?

8. El mago hace desaparecer y ___ a su ayudante.

9. ¿Cómo es algo o alguien que no puede ser vencido?

10. Quiero subirme a un submarino para hacer un viaje ___.

Escribe las palabras. Escribe las palabras de ortografía en una hoja aparte. Luego escribe una oración con cada palabra para demostrar que sabes lo que significa.

 **TEKS** 4.22D(i)

Lección 13

En esta lección, aprenderás sobre palabras con ***raíces griegas.*** Algunas palabras con raíces griegas son ***teleobjetivo, fotofobia*** y ***escenografía.***

Lee **las palabras de ortografía y las oraciones.**

fotosíntesis

biografía

televisión

gráfico

telescopio

fotocopia

caligrafía

fotografía

teléfono

bibliografía

1. La ***fotosíntesis*** solo ocurre en las plantas.
2. La ***biografía*** de Einstein es muy extensa.
3. ¿Qué hay para ver en la ***televisión***?
4. Mi hermano es diseñador ***gráfico.***
5. El ***telescopio*** Hubble es el más grande del mundo.
6. Tengo que sacar otra ***fotocopia*** del examen.
7. Tienes que mejorar la ***caligrafía,*** no se entiende.
8. Hoy tomamos una ***fotografía*** de una ardilla.
9. Cambié el número de ***teléfono,*** anota el nuevo.
10. Los libros de la ***bibliografía*** son difíciles de hallar.

Clasifica **las palabras de ortografía en tres grupos.** Observa las palabras y clasifícalas según su raíz griega. Puedes usar un diccionario si necesitas ayuda. Luego responde las siguientes preguntas para descubrir más palabras que tengan esas raíces.

- ¿Qué grupos formaste?
- ¿Se te ocurren otras palabras que tengan estas raíces?

Aprende la regla ortográfica.

Muchas palabras del español tienen **raíces griegas.** Si conoces la ortografía y el significado de las raíces, puedes deducir cómo escribir y definir palabras que provienen del griego. Por ejemplo, *tele-* significa "distante", *foto-* significa "luz" y *graf-* significa "escribir".

teleobjetivo
fotofobia
escenografía

Piensa cómo se escriben estas raíces griegas y analiza el significado de las palabras a partir del significado de las raíces.

Practica escribir las palabras de esta semana. Responde las preguntas y completa las oraciones.

1. ¿Cómo se llama el elemento utilizado para ver cosas distantes?
2. Su ___ es tan bella, se lee muy bien.
3. ¿Qué aparato usas para hablar con tus amigos?
4. Tengo que estudiar qué es la ___ para la prueba de Ciencias.
5. ¿Cómo se denomina la historia de vida de una persona?
6. ¿Qué haces cuando quieres reproducir una página?
7. No tomó ni una ___ en su cumpleaños.
8. El ___ que preparó el empleado no impresionó a su jefe.
9. ¿Cómo se llama el conjunto de libros sobre un tema?
10. Ayer salí en ___, me hicieron un reportaje.

Escribe las palabras. Escribe las palabras de ortografía en una hoja aparte. Luego escribe una oración con cada palabra para demostrar que sabes lo que significa.

 **TEKS** 4.22D(i)

Lección 14

En esta lección, aprenderás más palabras con **raíces griegas.** Algunas palabras con raíces griegas son **velocímetro, geofísica** y **cronometrar.**

Lee las palabras de ortografía y las oraciones.

cronología

termómetro

audífono

cronómetro

fonoaudiólogo

geografía

sinfonía

geopolítico

centímetro

cronograma

1. Debemos hacer una **cronología** con estos datos.
2. El **termómetro** indicaba que ella tenía fiebre.
3. Mi abuelo usa un **audífono** porque no puede oír bien.
4. Según el **cronómetro**, tardó 14 segundos.
5. Mi hermanito debe ir al **fonoaudiólogo.**
6. La **geografía** trata sobre la descripción de la Tierra.
7. La ópera comenzó con una **sinfonía** conmovedora.
8. Con el mapa **geopolítico** comprendes sucesos históricos.
9. El árbol no creció ni un **centímetro** este año.
10. El jefe del proyecto hizo un **cronograma.**

Clasifica las palabras de ortografía en cuatro grupos. Observa
las palabras de la semana y clasifícalas según su raíz griega. Puedes usar un diccionario si necesitas ayuda. Luego responde las siguientes preguntas para descubrir más palabras que tengan esas raíces.

- ¿Qué grupos formaste?

- ¿Se te ocurren otras palabras que tengan estas raíces?

Aprende la regla ortográfica.

Muchas palabras del español tienen **raíces griegas.** Si conoces la ortografía y el significado de las raíces, puedes deducir cómo escribir y definir palabras que provienen del griego. Por ejemplo, *metro-* significa "medida", *crono-* significa "tiempo", *fono-* significa "sonido" y *geo-* significa "tierra".

velocí**metro**

geofísica

cronometrar

Piensa cómo se escriben estas raíces griegas y analiza el significado de las palabras a partir del significado de las raíces.

Practica escribir las palabras de esta semana. Responde las preguntas y completa las oraciones.

1. Una pieza musical para varios instrumentos es una ___.
2. ¿Qué elemento usamos para medir la temperatura?
3. Puedes marcar las fechas de una ___ en una recta numérica.
4. Si no oyes bien, deberías usar un ___.
5. ¿Qué usamos para medir tiempos muy cortos?
6. Un ___ es útil para visualizar las etapas de un proyecto.
7. ¿Cuál es la centésima parte de un metro?
8. ¿Qué profesional trata los problemas del habla?
9. En el periódico hablan de un acuerdo ___ muy importante.
10. ¿En qué materia estudias los distintos paisajes de la Tierra?

Escribe las palabras. Escribe las palabras de ortografía en una hoja aparte. Luego escribe una oración con cada palabra para demostrar que sabes lo que significa.

 TEKS 4.22D(ii)

Lección 15

En esta lección, aprenderás palabras con **raíces latinas**. Algunos ejemplos de palabras con raíces latinas son **exportar** y **manuscrito**.

Lee las palabras de ortografía y las oraciones.

ruptura

transportar

espectáculo

escribir

espectador

describir

irrumpir

inscribir

inspección

importar

1. Un golpe causó la **ruptura** del sofá.
2. Para **transportar** muebles se necesita un camión.
3. El **espectáculo** de fuegos artificiales fue fabuloso.
4. Ayer tuvimos que **escribir** un ensayo descriptivo.
5. Juan fue el primer **espectador** del recital.
6. Tuvimos que **describir** un animal en detalle.
7. Lamento **irrumpir** en esta reunión: debo hablarles.
8. Mamá me quería **inscribir** en otra escuela.
9. La policía hizo una **inspección** del lugar.
10. Van a **importar** alimentos de Europa.

Clasifica las palabras de ortografía en cuatro grupos.

Piensa en las partes principales de las palabras de ortografía. Clasifícalas en cuatro grupos con elementos parecidos. Luego responde las siguientes preguntas para descubrir más palabras que tengan esos elementos en común.

- ¿Cómo clasificaste las palabras?

- ¿Se te ocurren otras palabras que tengan elementos parecidos a estos?

Aprende la regla ortográfica.

El elemento que contiene el significado principal de una palabra es la raíz. A partir de una raíz, se puede formar una familia de palabras con significados relacionados. Las raíces pueden sufrir cambios en su ortografía al combinarse con otros elementos de la palabra. Estas son algunas **raíces latinas:**

scrib- (escribir): manu**scrit**o

port- (llevar): ex**port**ar

Piensa en las palabras *manuscrito* y *exportar*. La raíz *scrib-* significa "escribir". *Manuscrito* significa "algo escrito a mano". La raíz *port-* significa "llevar". *Exportar* significa "llevar a otro país".

Practica escribir las palabras de esta semana. Responde las preguntas y completa las oraciones.

1. Fuimos a ver un ___ al teatro.
2. ¿Qué verbo significa expresar en palabras cómo es algo?
3. ¿Qué palabra significa ingresar artículos extranjeros en un país?
4. ¿Quién hizo la ___ de las maletas en el aeropuerto?
5. ¿Qué verbo significa anotar el nombre de alguien con un fin?
6. El viento causó la ___ de los vidrios.
7. Tenemos que ___ el cartel con letra clara.
8. ¿Qué verbo significa llevar de un lugar a otro?
9. ¿Cómo se llama la persona que observa un espectáculo?
10. No quisimos ___ en el salón durante la clase.

Escribe las palabras. Escribe las palabras de ortografía en una hoja aparte. Luego escribe una oración con cada palabra para demostrar que sabes lo que significa.

Lección 16

En esta lección, aprenderás más palabras con *raíces latinas.*
Algunos ejemplos de palabras con raíces latinas son *dicho* y *acuario.*

Lee las palabras de ortografía y las oraciones.

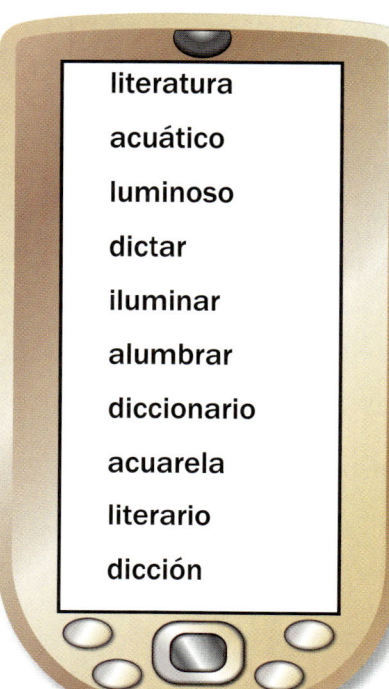

literatura
acuático
luminoso
dictar
iluminar
alumbrar
diccionario
acuarela
literario
dicción

1. En la clase de *literatura* leeremos novelas y cuentos.
2. En el parque *acuático* hay muchos peces.
3. La luciérnaga es un insecto *luminoso.*
4. La maestra va a *dictar* las palabras para la clase.
5. Hay que *iluminar* el sótano, está oscuro.
6. Usé una linterna para *alumbrar* el camino.
7. Usé el *diccionario* para buscar palabras nuevas.
8. Pintamos el cartel con *acuarela.*
9. Uno de los géneros *literario* es el dramático.
10. Escucha cómo habla: tiene muy buena *dicción.*

Clasifica las palabras de ortografía en cuatro grupos. Piensa en
las raíces de las palabras de ortografía para clasificarlas. Luego responde las
siguientes preguntas para descubrir más palabras con raíces latinas.

- ¿Cómo clasificaste las palabras?

- ¿Se te ocurren otras palabras que tengan
  las mismas raíces?

Aprende la regla ortográfica.

El elemento que contiene el significado principal de una palabra es la raíz.
A partir de una raíz, se puede formar una familia de palabras con significados
relacionados. Las raíces pueden sufrir cambios en su ortografía al combinarse
con otros elementos de la palabra. Estas son algunas **raíces latinas:**

dic-, dict- (decir): **dic**ho

aqua- (agua): **acua**rio

Piensa en las palabras **dicho** y **acuario.** La raíz **dic-/dict-** significa "decir".
Dicho significa "algo que se dijo". La raíz **aqua-** significa "agua". **Acuario**
significa "depósito de agua donde hay animales y vegetales".

Practica escribir las palabras de esta semana. Responde las preguntas
y completa las oraciones.

1. Los géneros ___ son tres: lírico, épico y dramático.

2. ¿Cómo describes algo que tiene mucha luz?

3. En un curso de ___ hispanoamericana leeremos a Borges.

4. ¿Qué verbo significa dar luz?

5. Mañana pintaremos un cuadro con ___.

6. ¿Cómo se llama la manera de hablar o pronunciar las palabras?

7. ¿Cómo se llama un animal o vegetal que vive en el agua?

8. Tuve que buscar muchas palabras en el ___.

9. Cuando es de noche hay que ___ más la casa.

10. ¿Qué verbo significa decir algo para que otro lo escriba?

Escribe las palabras. Escribe las palabras de
ortografía en una hoja aparte. Luego escribe una
oración con cada palabra para demostrar que
sabes lo que significa.

 **TEKS** 4.22D(iii)

Lección 17

En esta lección, aprenderás palabras con **sufijos griegos.** Algunos ejemplos de palabras con sufijos griegos son: **psicología, nacionalismo** y **aracnofobia.**

Lee las palabras de ortografía y las oraciones.

| claustrofobia |
| heroísmo |
| biología |
| hidrofobia |
| geología |
| atletismo |
| sociología |
| fotofobia |
| antropología |
| egoísmo |

1. Si estoy en un cuarto muy pequeño, siento **claustrofobia.**
2. Salvar a ese delfín fue un acto de **heroísmo.**
3. En **biología** estudiamos los seres vivos.
4. Mi tío no se metió al mar porque tiene **hidrofobia.**
5. Para saber sobre la Tierra, hay que estudiar **geología.**
6. En la clase de educación física practicamos **atletismo.**
7. Estudiamos las sociedades humanas en **sociología.**
8. Una persona que tiene **fotofobia** no puede tomar sol.
9. La **antropología** es el estudio del hombre.
10. El **egoísmo** no te permite tener amigos.

Clasifica las palabras de ortografía en tres grupos. Piensa en la terminación de las palabras de ortografía. Clasifícalas en tres grupos con terminaciones parecidas. Luego responde las siguientes preguntas para descubrir más palabras que tienen estas terminaciones en común.

- ¿Cómo clasificaste las palabras?

- ¿Qué otras palabras con algunas de esas terminaciones se te ocurren?

TEKS 4.22D(iii)

Aprende la regla ortográfica.

Un grupo de letras que se agrega al final de una raíz y le agrega significado o modifica su función gramatical es un **sufijo.** Estos son algunos **sufijos griegos:**

-logía (estudio): psico**logía**

-ismo (doctrina, movimiento, actitud): nacional**ismo**

-fobia (miedo): aracno**fobia**

El sufijo **-logía** significa "estudio". **Psicología** significa "estudio de la mente". El sufijo **-ismo** significa "doctrina, movimiento, actitud". **Nacionalismo** significa "actitud de apego a la propia nación". El sufijo **-fobia** significa "miedo". **Aracnofobia** significa "miedo a las arañas".

Practica escribir las palabras de esta semana. Responde las preguntas y completa las oraciones.

1. ¿En qué materia estudias los animales y las plantas?

2. En ___ estudiamos la evolución del hombre.

3. ¿Cómo decimos "miedo a estar encerrado"?

4. Salí primero en una carrera de ___ de la escuela.

5. ¿Qué palabra significa sentir excesivo amor por uno mismo?

6. Un héroe realiza actos de ___.

7. ¿Qué ciencia estudia las relaciones del hombre y la sociedad?

8. Cuando una persona sufre de ___, tiene miedo al agua.

9. ¿Cómo se llama el rechazo a la luz?

10. La ___ estudia la tierra y sus componentes.

Escribe las palabras. Escribe las palabras de ortografía en una hoja aparte. Luego escribe una oración con cada palabra para demostrar que sabes lo que significa.

TEKS 4.22D(iii)

Lección 18

En esta lección, aprenderás más palabras con **sufijos griegos.** Algunos ejemplos de palabras con sufijos griegos son **artista, cibernauta, musicoterapia** y **hemeroteca.**

Lee las palabras de ortografía y las oraciones.

biblioteca
hidroterapia
deportista
cosmonauta
videoteca
zooterapia
dentista
astronauta
pinacoteca
guitarrista

1. Saqué una novela de la **biblioteca.**
2. Mamá practica **hidroterapia** en el centro médico.
3. María es **deportista,** siempre sale a correr.
4. Un **cosmonauta** viaja por el espacio.
5. Buscamos una película en la **videoteca.**
6. Mi perro está en un programa de **zooterapia.**
7. El **dentista** dijo que tenía caries.
8. Un **astronauta** también navega por el espacio.
9. En la **pinacoteca** vimos muchos cuadros divertidos.
10. Me encanta el **guitarrista** de este grupo musical.

Clasifica las palabras de ortografía en cuatro grupos. Piensa en los sufijos de las palabras de ortografía. Clasifícalas en cuatro grupos de palabras que tengan los mismos sufijos. Luego responde las siguientes preguntas para descubrir más palabras con sufijos griegos.

- ¿Cómo clasificaste las palabras?
- ¿Qué otras palabras se te ocurren con estos sufijos?

Aprende la regla ortográfica.

Un grupo de letras que se agrega al final de una palabra es un **sufijo.** Estos son algunos **sufijos griegos:**

-ista (inclinación, ocupación): art**ista**

-nauta (que navega): ciber**nauta**

-terapia (tratamiento): musico**terapia**

-teca (lugar donde se guarda algo): hemero**teca**

Piensa en el significado de los sufijos para determinar el significado de las palabras. *Artista* significa "persona inclinada a las artes". Un *cibernauta* es alguien que navega por el ciberespacio (el Internet). *Musicoterapia* significa "tratamiento con música". Una *hemeroteca* es un lugar donde se guardan periódicos y revistas.

Practica escribir las palabras de esta semana. Responde las preguntas

y completa las oraciones.

1. ¿Cómo se le dice a la persona que practica deportes?

2. Un ___ viaja por el espacio.

3. ¿En qué lugar puedes encontrar cuadros y pinturas?

4. ¿Dónde puedes rentar películas?

5. ¿En qué tipo de terapia se usan animales para curar?

6. La persona que toca la guitarra es ___.

7. Un ___ hace lo mismo que un astronauta.

8. ¿En qué método curativo se utiliza el agua?

9. Puedes encontrar muchos libros en una ___.

10. Un ___ se encarga de arreglar los dientes.

Escribe las palabras. Escribe las palabras de

ortografía en una hoja aparte. Luego escribe una oración con cada palabra para demostrar que sabes lo que significa.

 **TEKS** 4.22D(iv)

Lección 19

En esta lección, aprenderás palabras con **sufijos del latín.** Algunas palabras con sufijos del latín son: **amable, visible** y **elegancia.**

Lee las palabras de ortografía y las oraciones.

importancia

contable

legible

vigilancia

estimable

increíble

responsable

abundancia

posible

infancia

1. Para el niño, su mascota tenía gran **importancia.**

2. Juana es secretaria en un estudio **contable.**

3. Ese texto no es **legible;** no se entiende lo que dice.

4. El señor de la **vigilancia** nos cuidaba desde lejos.

5. El precio **estimable** es definitivamente muy alto.

6. Fue una experiencia **increíble** que jamás olvidaremos.

7. Para tener una mascota debes ser **responsable.**

8. La **abundancia** no era común en esos tiempos.

9. No es **posible** llegar a un acuerdo.

10. Tenía de su **infancia** los recuerdos más felices.

Clasifica las palabras de ortografía en tres grupos. Para ello, considera el sufijo del latín que se emplea en cada caso. Luego responde las preguntas para descubrir más palabras con estos sufijos del latín.

- ¿Cómo clasificaste las palabras?

- ¿Se te ocurren otras palabras que tengan estos sufijos del latín?

Aprende la regla ortográfica.

Un **sufijo** es una o más letras que se colocan al final de una palabra y le agregan significado o cambian su función. Por ejemplo, los sufijos *-able* e *-ible* significan "posibilidad", "capacidad" o "cualidad". Mediante el sufijo *-ancia* se forman sustantivos femeninos. A veces, cuando se agrega un afijo a la raíz, esta puede cambiar su ortografía. Algunos **sufijos del latín** son:

-ible: vis**ible**

-ancia: eleg**ancia**

-able: am**able**

Practica escribir las palabras de esta semana. Responde las preguntas y completa las oraciones.

1. No es ___ resolver su problema, no puedo ayudarla.
2. ¿Cómo se dice que algo es difícil de creer?
3. Conserva varios amigos de su ___.
4. ¿Qué palabra es el opuesto de *escasez*?
5. No tiene ___ lo que tú dices, es solo un detalle.
6. ¿Qué palabra es un sinónimo de *guardia*?
7. Si su caligrafía es ___, comprenderemos lo que quiso decir.
8. Mis padres me dejarán tener un perrito porque dicen que soy ___.
9. ¿Cómo es algo que se puede contar?
10. ¿Cómo es algo que se puede estimar?

Escribe las palabras. Escribe las palabras de ortografía en una hoja aparte. Luego escribe una oración con cada palabra para demostrar que sabes lo que significa.

Lección 20

En esta lección, aprenderás más palabras con **sufijos del latín.** Algunas palabras con sufijos del latín son: **omnívoro, traductor, conforme** y **bisectriz.**

Lee las palabras de ortografía y las oraciones.

carnívoro

institutriz

doctor

uniforme

herbívoro

emperatriz

pintor

deforme

escritor

actriz

1. El león es un animal **carnívoro**, come otros animales.

2. Su **institutriz** lo llevaba a los parques más divertidos.

3. El **doctor** me indicó reposo absoluto.

4. Necesito que cubran la superficie de manera **uniforme.**

5. Un animal **herbívoro** se alimenta de plantas.

6. La **emperatriz** lucía un precioso collar de esmeraldas.

7. El **pintor** dejó las paredes bien bonitas.

8. El personaje del cuento era una criatura **deforme.**

9. Fue un famoso **escritor** de novelas.

10. La **actriz** se llevó todos los aplausos del público.

Clasifica las palabras de ortografía en cuatro grupos. Para ello,
considera el sufijo del latín que se emplea en cada caso. Luego responde las preguntas para descubrir más palabras con estos sufijos del latín.

- ¿Cómo clasificaste las palabras?

- ¿Se te ocurren otras palabras que tengan estos sufijos del latín?

TEKS 4.22D(iv)

Aprende la regla ortográfica.

Un **sufijo** es una o más letras que se colocan al final de una palabra y le agregan significado o cambian su función. Por ejemplo, el sufijo *-voro* significa "que come o devora". Con el sufijo *-triz* se forma el femenino de las palabras terminadas en *-dor* y *-tor*. El sufijo *-forme* significa "que tiene forma de". Asimismo, el sufijo *-tor* significa "agente, que ejecuta una acción".

-**voro**: omní**voro**

-**tor**: traduc**tor**

-**forme**: con**forme**

-**triz**: bisec**triz**

Practica escribir las palabras de esta semana. Responde las preguntas y completa las oraciones.

1. Debes pintar todo el papel de manera ___ , o se verá desprolijo.
2. ¿Cómo se le llama algo desproporcionado en su forma?
3. La ___ se encargaba de la educación del niño.
4. ¿Qué palabra es el opuesto de *carnívoro*?
5. La ___ vivía en su palacio, rodeada de lujos.
6. ¿Qué palabra es un sinónimo de *médico*?
7. El ___ inspiraba sus palabras en el maravilloso paisaje.
8. El animal ___ acechaba a su presa.
9. ¿Qué palabra es el femenino de *actor*?
10. ¿Quién se dedica a pintar las casas?

Escribe las palabras. Escribe las palabras de ortografía en una hoja aparte. Luego escribe una oración con cada palabra para demostrar que sabes lo que significa.

 **TEKS** 4.22B

Lección 21

En esta lección, aprenderás las reglas de ortografía de las palabras con **hiato** y con **diptongo**. Algunas palabras con hiato son **país** y **toalla;** algunas palabras con diptongo son **aceite** y **estoy**.

Lee las palabras de ortografía y las oraciones.

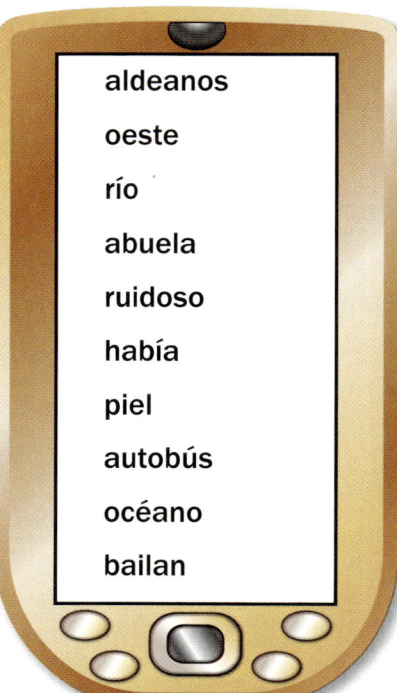

aldeanos
oeste
río
abuela
ruidoso
había
piel
autobús
océano
bailan

1. Los **aldeanos** nos recibieron con amabilidad.
2. Los piratas huían hacia el **oeste.**
3. El bote navegaba por el **río** tranquilo.
4. Su **abuela** amaba contarle cuentos por la noche.
5. Era un lugar oscuro y muy **ruidoso.**
6. **Había** más de cien invitados a la fiesta.
7. Su **piel** era tan suave como la seda.
8. El **autobús** regresaba lleno de pasajeros.
9. La luna se reflejaba en el **océano.**
10. Los novios **bailan** al compás de la música.

Clasifica las palabras de ortografía en dos grupos. Para ello, considera si se trata de palabras que contienen diptongo o hiato. Luego responde las preguntas para descubrir las reglas ortográficas.

- ¿Qué grupos formaste?
- ¿En estas palabras, qué clase de vocales forman los diptongos?
- ¿En estas palabras, qué clase de vocales forman los hiatos?

Aprende la regla ortográfica.

Algunas de las palabras de esta semana contienen diptongo y otras contienen hiato. Las vocales se clasifican en abiertas (*a, e, o*) y cerradas (*i, u*). Se llama **diptongo** a la unión, en una misma sílaba, de dos vocales cerradas, de una abierta con una cerrada o de una cerrada con una abierta. Cuando no hay diptongo, ya sea porque se encuentran dos vocales abiertas, o porque la cerrada lleva acento o porque se repite una vocal cerrada con acento o sin él, estamos en presencia de **hiato;** es decir, cada vocal forma una sílaba distinta. La letra *y* al final de la palabra tiene el sonido de la *i*.

Diptongo	*Hiato*
a-c**ei**-te, es-t**oy**	p**a**-**í**s, t**o**-**a**-lla

Practica separar en sílabas las palabras de esta semana. Responde las preguntas y completa las oraciones.

1. ¿Por dónde se oculta el sol?

2. ___ una vez, un tierno y cariñoso perro.

3. ¿Qué recubre todo el cuerpo humano?

4. ¿Qué otra palabra nombra mucha agua, como *mar*?

5. Ese aparato era tan ___ que no nos dejaba dormir.

6. ¿Qué palabra es un sinónimo de *pueblerinos*?

7. La mamá de mi mamá es mi ___.

8. Cuando lo encontramos, estaba tiritando a orillas del ___.

9. El ___ se detuvo y bajaron tres pasajeros.

10. ¿Qué palabra es un sinónimo de *danzan*?

Escribe las palabras. Escribe las palabras de ortografía en una hoja aparte. Luego escribe una oración con cada palabra para demostrar que sabes lo que significa.

Lección 22

En esta lección, aprenderás más palabras con **hiato** y con **diptongo.**
Algunas palabras con hiato son: **video** y **alegría;** algunas palabras con diptongo
son: **cuidado** y **terapeuta.**

Lee las palabras de ortografía y las oraciones.

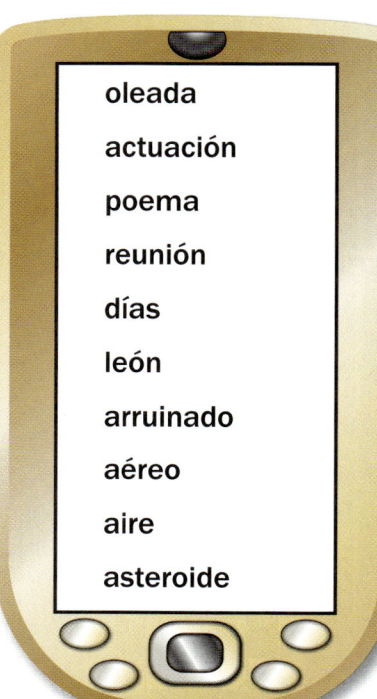

oleada

actuación

poema

reunión

días

león

arruinado

aéreo

aire

asteroide

1. Una **oleada** de gente lo embistió contra la pared.

2. Su **actuación** fue tan brillante que lo ovacionaron.

3. Ha escrito el **poema** más tierno de todos los tiempos.

4. El maestro convocó una **reunión** de padres.

5. Pasaban los **días** y la noticia demoraba en llegar.

6. El **león** saboreaba su preciado trozo de carne.

7. El autobús quedó **arruinado** luego del accidente.

8. Enviaron su correspondencia por correo **aéreo.**

9. Disfrutemos de un momento al **aire** libre.

10. Ese **asteroide** podría chocar contra la Tierra.

Clasifica las palabras de ortografía en dos grupos. Para ello,
considera si se trata de palabras que contienen diptongo o hiato. Luego responde
las preguntas para descubrir las reglas ortográficas del diptongo y del hiato.

- ¿Qué palabras incluiste en cada grupo?

- Ahora clasifica las palabras con
  diptongos según el diptongo. Algunas
  palabras tienen más de uno.

Aprende la regla ortográfica.

Algunas de las palabras de esta semana contienen diptongo y otras contienen hiato. Las vocales se clasifican en abiertas (*a, e, o*) y cerradas (*i, u*). Se llama **diptongo** a la unión, en una misma sílaba, de dos vocales cerradas, de una abierta con una cerrada o de una cerrada con una abierta. Cuando no hay diptongo, ya sea porque se encuentran dos vocales abiertas, o porque la cerrada lleva acento o porque se repite una vocal cerrada con acento o sin él, estamos en presencia de **hiato;** es decir, cada vocal forma una sílaba distinta. La letra *y* al final de la palabra tiene el sonido de la *i*.

Diptongo	*Hiato*
c**ui**-da-do, te-ra-p**eu**-ta	vi-d**e-o**, a-le-gr**í-a**

Practica separar en sílabas las palabras de esta semana. Responde las preguntas y completa las oraciones.

1. Por correo ___ llegan más rápido las encomiendas.

2. Su ___ fue totalmente creíble.

3. Con el correr de los ___ me fui acostumbrando a su compañía.

4. ¿Qué palabra es un sinónimo de *estropeado*?

5. El ___ es el rey de la selva.

6. ¿Qué palabra es un sinónimo de *poesía*?

7. Una ___ de periodistas lo acechaban con preguntas.

8. Hallaron un extraño ___ en tierras desérticas.

9. El ___ que respiramos contiene oxígeno.

10. ¿Qué palabra es un sinónimo de *encuentro*?

Escribe las palabras. Escribe las palabras de ortografía en una hoja aparte. Luego escribe una oración con cada palabra para demostrar que sabes lo que significa.

TEKS 4.22B

Lección 23

En esta lección, aprenderás más palabras con **hiato** y con **diptongo**. Algunas palabras con hiato son: **leer** y **reír;** algunas palabras con diptongo son: **ruido** y **agua**.

Lee las palabras de ortografía y las oraciones.

canoa

aplaudir

afeitar

tarea

ciudad

léelo

huía

haitiano

zoológico

abierto

1. La **canoa** se hundía ante los ojos de los pueblerinos.

2. El público, encantado, no hizo más que **aplaudir** de pie.

3. Antes de salir me tengo que **afeitar.**

4. Nuestra **tarea** consiste en ordenar los archivos.

5. Fue fantástico recorrer una **ciudad** tan bella.

6. **Léelo** otra vez y entenderás su significado.

7. El ladrón **huía** de la policía.

8. El **haitiano** dormía la siesta bajo el sol.

9. Fuimos al **zoológico** con toda la familia.

10. Los lunes no tenemos **abierto** por la tarde.

Clasifica las palabras de ortografía en dos grupos. Para ello, considera si se trata de palabras que contienen diptongo o hiato. Luego responde las preguntas para descubrir las reglas ortográficas del diptongo y del hiato.

- ¿Qué palabras incluiste en cada grupo?

- Ahora clasifica las palabras con diptongos según el diptongo. Algunas palabras tienen más de uno. Luego agrega otra palabra con esos diptongos.

Aprende la regla ortográfica.

Algunas de las palabras de esta semana contienen diptongo y otras contienen hiato. Las vocales se clasifican en abiertas (*a, e, o*) y cerradas (*i, u*). Se llama **diptongo** a la unión, en una misma sílaba, de dos vocales cerradas, de una abierta con una cerrada o de una cerrada con una abierta. Cuando no hay diptongo, ya sea porque se encuentran dos vocales abiertas, o porque la cerrada lleva acento o porque se repite una vocal cerrada con acento o sin él, estamos en presencia de **hiato;** es decir, cada vocal forma una sílaba distinta. La letra *y* al final de la palabra tiene el sonido de la *i*.

Diptongo
r**ui**-do, a-g**ua**

Hiato
l**e-e**r, r**e-í**r

Practica separar en sílabas las palabras de esta semana. Responde las preguntas y completa las oraciones.

1. ¿Cómo se le llama a alguien que nació en Haití?
2. Te deberías ___ esa barba.
3. Recorrimos la ___ de punta a punta.
4. ¿En qué lugar puedes ver muchos animales distintos?
5. El envase quedó ___ y el líquido se evaporó.
6. ¿Qué palabra es un sinónimo de *trabajo*?
7. ___ en voz alta y verás si suena natural.
8. Fue tan convincente, que no dejaban de ___ su discurso.
9. ¿Qué palabra es un sinónimo de *escapaba*?
10. ¿Qué palabra es un sinónimo de *bote*?

Escribe las palabras. Escribe las palabras de ortografía en una hoja aparte. Luego escribe una oración con cada palabra para demostrar que sabes lo que significa.

Lección 24

En esta lección, aprenderás a poner los **acentos** apropiadamente al conjugar los verbos en tiempo **pretérito,** como en **pintó, entré** y **sintió.**

Lee las palabras de ortografía y las oraciones.

corrió

jugó

canté

miré

temblé

temió

partí

bailó

saltó

salí

1. Ella **corrió** por la pradera.
2. Juan **jugó** al fútbol con sus amigos.
3. **Canté** en la competencia de talentos de la escuela.
4. **Miré** atentamente cómo hacía el experimento.
5. **Temblé** durante toda la tormenta por los truenos.
6. Él **temió** haberse equivocado en el examen.
7. **Partí** el último pedazo de pastel para compartirlo.
8. Ella **bailó** alegremente en la fiesta.
9. Tomás **saltó** más alto que todos sus compañeros.
10. **Salí** a pasear con mis abuelos al parque.

Clasifica las palabras de ortografía en grupos. Observa las palabras
de la semana y clasifícalas según estén en pretérito o presente. Luego responde las siguientes preguntas.

- ¿Cuántos grupos pudiste formar?
- ¿Dónde llevan el acento todas las palabras?
- Piensa en otros ejemplos de verbos en pretérito. Utiliza fuentes impresas o electrónicas (diccionarios, glosarios, manuales) para determinar cómo se escriben correctamente.

Aprende el patrón ortográfico.

Los verbos en **pretérito** de la primera y la tercera persona del singular
(*yo y él/ella*) llevan acento ortográfico en la última sílaba.

él **pintó**

yo **entré**

ella **sintió**

Practica escribir las palabras de esta semana. Completa las oraciones que están a continuación.

1. ___ toda la noche al ritmo de la música.

2. ___ desafinado en mi concierto.

3. La rana ___ hasta el estanque.

4. Justo cuando ___ a correr, empezó a llover.

5. ___ por su vida cuando se cayó de la escalera.

6. ___ de frío por el viento y la nieve.

7. ___ tan rápido que nadie pudo alcanzarla.

8. ___ todo el primer tiempo del partido.

9. En la clase de karate, ___ una madera con la mano.

10. ___ los dibujos del libro: eran hermosos.

Escribe las palabras. Escribe las palabras de ortografía en una hoja aparte. Usa el patrón ortográfico que aprendiste para verificar si las has escrito correctamente. Luego escribe una oración con cada palabra para demostrar que sabes lo que significa.

Lección 25

En esta lección, aprenderás a poner los *acentos* apropiadamente al conjugar los verbos en tiempo *imperfecto,* como en *soñábamos, partían* y *entendía.*

Lee las palabras de ortografía y las oraciones.

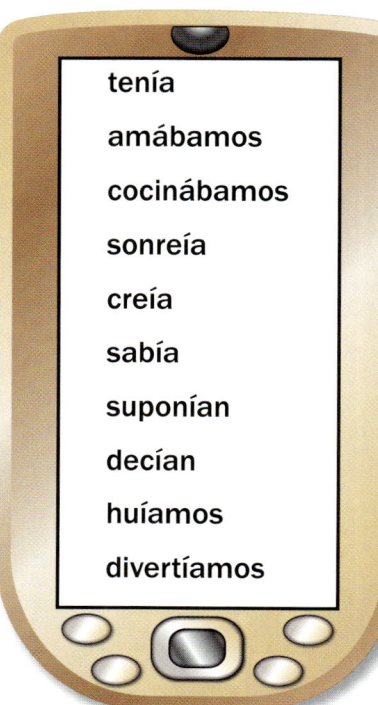

tenía
amábamos
cocinábamos
sonreía
creía
sabía
suponían
decían
huíamos
divertíamos

1. Él *tenía* mucho dinero ahorrado.
2. Nosotros *amábamos* a nuestro perrito.
3. *Cocinábamos* postres cada vez que llovía.
4. La vida le *sonreía:* todo le salía bien.
5. Él *creía* que iba a nevar, pero no nevó.
6. Anita *sabía* que sería doctora cuando creciera.
7. Mis padres *suponían* que estaríamos dormidos.
8. Los niños escucharon todo lo que les *decían.*
9. Si nos pedían que ordenáramos, *huíamos.*
10. ¡Cómo nos *divertíamos* todos los veranos!

Clasifica las palabras de ortografía en grupos. Observa las palabras de la semana y clasifícalas según la terminación del verbo infinitivo correspondiente. Agrupa por un lado las conjugaciones de infinitivos terminados en *-ar* y por otro lado las de verbos terminados en *-er* o *-ir.* Luego responde las siguientes preguntas para descubrir los patrones ortográficos.

- ¿Qué terminaciones de verbos conjugados incluiste en cada grupo?

- ¿Todos los verbos llevan acento ortográfico?

- Piensa en otros ejemplos de verbos en imperfecto. Utiliza fuentes impresas o electrónicas (diccionarios, glosarios, manuales) para determinar cómo se escriben correctamente.

Aprende el patrón ortográfico.

En el **imperfecto,** la primera persona del plural de los verbos terminados en **-ar** lleva acento ortográfico en la antepenúltima sílaba.

soñábamos

En el **imperfecto,** en los verbos terminados en **-er** e **-ir,** la *i* de las terminaciones *-ía, -ías, -íamos, -ían* siempre lleva acento ortográfico.

partían
entendía

Practica escribir las palabras de esta semana. Completa las oraciones que están a continuación.

1. Hace unos años, ___ una pelota que después perdí.
2. ___ que habían ganado la carrera, pero era mentira.
3. Ella ___ todas las respuestas de la prueba.
4. Ellos ___ que Juan vendría: siempre los visitaba los domingos.
5. Nos ___ mucho cuando mirábamos películas cómicas.
6. Cuando Lucía ___, mostraba todos los dientes.
7. Cada vez que ___, ensuciábamos toda la cocina.
8. Estaba diciendo la verdad, pero nadie le ___.
9. Cuando ___ de la casa, nos tropezamos con unas piedras.
10. Cuando éramos niños, ___ ir a jugar bajo la lluvia.

Escribe las palabras. Escribe las palabras de ortografía en una hoja aparte. Usa el patrón ortográfico que aprendiste para verificar si las has escrito correctamente. Luego escribe una oración con cada palabra para demostrar que sabes lo que significa.

Lección 26

En esta lección, aprenderás a poner los **acentos** apropiadamente al conjugar los verbos en tiempo **pretérito pluscuamperfecto,** como en **había estado, habían sentido** y **habías cantado.**

Lee las palabras de ortografía y las oraciones.

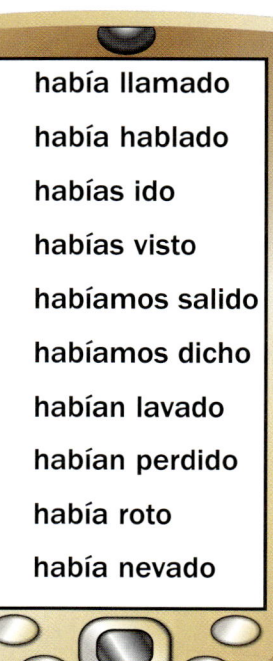

| habían llamado |
| habían hablado |
| habías ido |
| habías visto |
| habíamos salido |
| habíamos dicho |
| habían lavado |
| habían perdido |
| había roto |
| había nevado |

1. Él la **había llamado** para tener una cita.
2. Yo **había hablado** del problema.
3. Tú ya te **habías ido** cuando llegó María.
4. ¿Nunca lo **habías visto** antes?
5. Él llegó tarde, y nosotros ya **habíamos salido** de casa.
6. **Habíamos dicho** que iríamos a la playa, pero llovió.
7. Mis padres **habían lavado** los platos después de comer.
8. Creímos que ustedes **habían perdido** el autobús.
9. Quisieron jugar pero el juguete se **había roto.**
10. No pudimos salir a jugar porque **había nevado.**

Clasifica las palabras de ortografía en grupos. Observa las palabras de la semana y clasifícalas en grupos según la persona del verbo. Ten en cuenta que la conjugación puede ser la misma para más de una persona. Luego responde las siguientes preguntas.

- ¿Cuántos grupos pudiste formar?
- ¿Dónde llevan acento las palabras?
- Piensa en otros ejemplos de verbos en pretérito pluscuamperfecto. Utiliza fuentes impresas o electrónicas (diccionarios, glosarios, manuales) para determinar cómo se escriben correctamente.

Aprende **el patrón ortográfico.**

En los verbos conjugados en **pretérito pluscuamperfecto,** la *i* de las terminaciones *-ía, -ías, -íamos, -ían* del verbo auxiliar ***haber*** siempre lleva acento ortográfico.

había estado   habían sentido   habías cantado

Al contrario, el **pretérito perfecto** no lleva acento en ninguna de las personas. Ni el auxiliar ***haber*** ni el participio llevan acento ortográfico.

ha ido   hemos estudiado

Practica **escribir las palabras de esta semana.** Completa las oraciones que están a continuación.

1. Como ___ la noche anterior, fuimos a esquiar.

2. Pensé que te ___ que había que pagar para entrar.

3. ¿Ya ___ a un museo antes?

4. ___ el tren, pero tomaron el siguiente.

5. Ella ___ con él para pedirle perdón.

6. Juan no ___ el televisor, pero todos lo culparon.

7. Ellos ___ toda la ropa para ayudar en la casa.

8. Diana ___ a su papá, pero él no había respondido.

9. ¿Tú nunca ___ una película en el cine?

10. ___ a comer cuando llegaron los parientes.

Escribe **las palabras.** Escribe las palabras de ortografía en una hoja aparte. Usa el patrón ortográfico que aprendiste para verificar si las has escrito correctamente. Luego escribe una oración con cada palabra para demostrar que sabes lo que significa.

Lección 27

En esta lección, aprenderás a poner los **acentos** apropiadamente al conjugar los verbos en **condicional**, como en **dormiría, estaríamos** y **pintarían**.

Lee las palabras de ortografía y las oraciones.

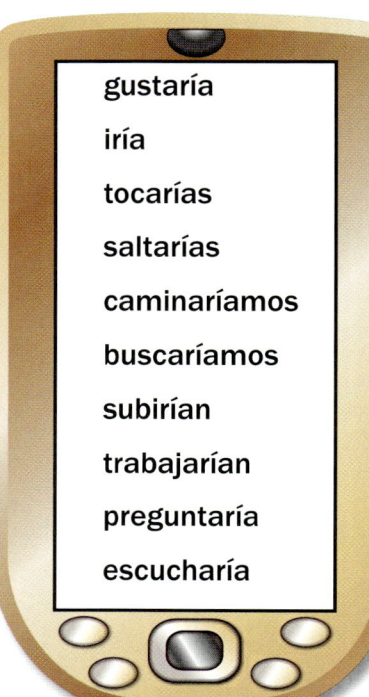

gustaría

iría

tocarías

saltarías

caminaríamos

buscaríamos

subirían

trabajarían

preguntaría

escucharía

1. Le pregunté qué le **gustaría** para su cumpleaños.

2. Dije que no **iría** a la fiesta; tengo que estudiar.

3. ¿**Tocarías** la batería en mi banda si te lo pidiera?

4. ¿**Saltarías** con paracaídas alguna vez?

5. ¡Nadie nos dijo que **caminaríamos** tanto para llegar!

6. Le dije a Juan que **buscaríamos** su libro.

7. Ustedes dijeron que **subirían** al último piso.

8. Me preguntó si ellas **trabajarían** en Navidad.

9. Ella sí **preguntaría** algo así.

10. Ni aunque me regalaran el CD **escucharía** esa banda.

Clasifica las palabras de ortografía en grupos. Observa las palabras de la semana y clasifícalas en grupos según la persona. Ten en cuenta que la conjugación puede ser la misma para más de una persona. Luego responde las siguientes preguntas para descubrir el patrón ortográfico.

- ¿Cuántos grupos pudiste formar?

- ¿En qué letra llevan acento todos los verbos?

- Piensa en otros ejemplos de verbos en condicional. Utiliza fuentes impresas o electrónicas (diccionarios, glosarios, manuales) para determinar cómo se escriben correctamente.

Aprende el patrón ortográfico.

En los verbos en **condicional**, la *i* de las terminaciones *-ía, -ías, -íamos, -ían* siempre lleva acento ortográfico.

estaríamos
dormiría
pintarían

Practica escribir las palabras de esta semana. Completa las oraciones que están a continuación.

1. ¿___ la cuerda con nosotros si trajera una?

2. Él pensó que ella ___ la canción, pero no lo hizo.

3. ¿Qué te ___ comer de postre hoy?

4. Nunca pensé que ella ___ el dinero debajo de su cama.

5. Juan les preguntó si ___ más horas.

6. ¡Jamás pensamos que ___ tanto por la calle!

7. Creí que María me ___ si los quería acompañar.

8. ¿___ una serpiente si pudieras?

9. ¿Crees que Emilio ___ al campamento?

10. ¿Ustedes ___ al techo por mí para limpiarlo?

Escribe las palabras. Escribe las palabras de ortografía en una hoja aparte. Usa el patrón ortográfico que aprendiste para verificar si las has escrito correctamente. Luego escribe una oración con cada palabra para demostrar que sabes lo que significa.

Lección 28

En esta lección, aprenderás a poner los *acentos* apropiadamente al conjugar los verbos en tiempo *futuro,* como en *amaré, mirarás* y *estaremos.*

Lee las palabras de ortografía y las oraciones.

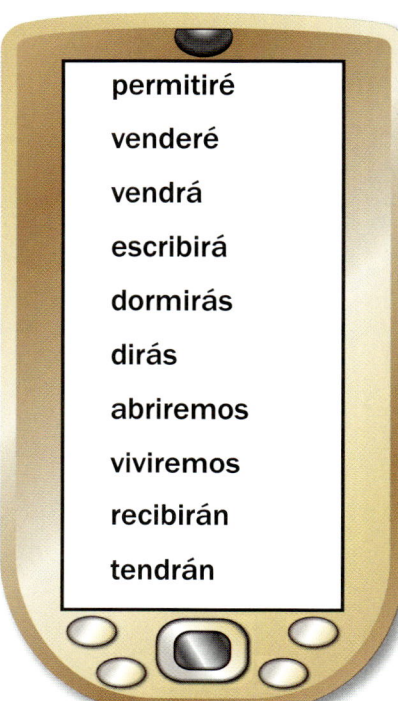

| permitiré |
| venderé |
| vendrá |
| escribirá |
| dormirás |
| dirás |
| abriremos |
| viviremos |
| recibirán |
| tendrán |

1.   ¡No *permitiré* que lo maltrates!
2.   *Venderé* mi patineta en la venta de garaje.
3.   Ella *vendrá* mañana a buscar el dinero.
4.   El próximo año, él *escribirá* una nueva novela.
5.   Durante las vacaciones, *dormirás* hasta tarde.
6.   Confío en que no *dirás* nada de lo que te conté.
7.   Nosotros *abriremos* la tienda incluso los domingos.
8.   Cuando nos casemos, *viviremos* en una casa enorme.
9.   Pronto *recibirán* noticias de nosotros.
10. Mis perros *tendrán* muchos cachorros.

Clasifica las palabras de ortografía en grupos. Observa las palabras de la semana y clasifícalas en grupos según la persona. Ten en cuenta que la conjugación puede ser la misma para más de una persona. Luego responde las siguientes preguntas.

- ¿Cuántos grupos pudiste formar?
- ¿En qué persona no llevan acento los verbos en tiempo futuro?
- Piensa en otros ejemplos de verbos en futuro. Utiliza fuentes impresas o electrónicas (diccionarios, glosarios, manuales) para determinar cómo se escriben correctamente.

Aprende **el patrón ortográfico.**

En los verbos en **futuro,** todas las personas, excepto la primera del plural, se acentúan en la *última sílaba.*

yo **amaré**

tú **mirarás**

nosotros **estaremos**

Practica **escribir las palabras de esta semana.** Completa las oraciones que están a continuación.

1. Mañana Pablo y Delfina ___ que venir más temprano a clase.

2. Seguramente tú me ___ algo por mi peinado nuevo, ¿no?

3. Me ofrezcas lo que me ofrezcas, no te ___ mi bicicleta.

4. La autora ___ dos partes más de la historia.

5. ¿Cuándo ___ a visitarnos la abuela?

6. No ___ la tienda porque nos iremos de vacaciones.

7. ___ con nuestros padres en una cabaña junto al lago.

8. Ellos ___ las cartas mientras estamos de viaje.

9. Si no duermes de noche, te ___ en clase.

10. ¡Jamás ___ que te lastimen!

Escribe **las palabras.** Escribe las palabras de ortografía en una hoja aparte. Usa el patrón ortográfico que aprendiste para verificar si las has escrito correctamente. Luego escribe una oración con cada palabra para demostrar que sabes lo que significa.

Lección 29

En esta lección, repasarás las reglas ortográficas de las **palabras agudas, graves** y **esdrújulas.** Algunas palabras agudas son **jamás** y **reloj;** algunas palabras graves son **árbol** y **amable;** algunas palabras esdrújulas son **pájaro** y **lágrima.**

Lee las palabras de ortografía y las oraciones.

color
himno
canción
corazón
inglés
ejército
táctil
joya
puerto
etcétera

1. El **color** de la flor era muy bonito.
2. Cantaron el **himno** con entusiasmo.
3. Es una **canción** muy pegadiza.
4. Su **corazón** latía más rápido que nunca.
5. Manejaba el idioma **inglés** a la perfección.
6. Un **ejército** de soldados se aproximaba.
7. La pantalla **táctil** está muy de moda.
8. Le regaló una preciada **joya** de su abuela.
9. Se despidieron de sus familias en el **puerto.**
10. Me gusta el fútbol, el tenis, el básquetbol, **etcétera.**

Clasifica las palabras de ortografía en tres grupos. Luego responde

las preguntas para repasar las reglas ortográficas de las palabras agudas, graves y esdrújulas.

- ¿Qué grupos formaste?

Aprende la regla ortográfica.

Las **palabras agudas** son aquellas en las que la última sílaba es la sílaba tónica.
Las palabras agudas que terminan en -*n, -s* o vocal llevan acento ortográfico.
Las **palabras graves** son aquellas en las que la sílaba tónica es la penúltima
sílaba. Las palabras graves que no terminan en -*n, -s* o vocal llevan acento ortográfico.
Las **palabras esdrújulas** son aquellas en las que la sílaba tónica es la
antepenúltima sílaba y siempre llevan acento ortográfico.

Palabras agudas	*Palabras graves*	*Palabras esdrújulas*
ja-**más**	**ár**-bol	**lá**-gri-ma
re-**loj**	a-**ma**-ble	**pá**-ja-ro

Practica separar en sílabas las palabras de esta semana. Responde
las preguntas y completa las oraciones.

1. ¿Qué palabra se utiliza cuando algo está relacionado con el tacto?
2. ¿Qué órgano es el motor de nuestro sistema circulatorio?
3. Las embarcaciones llegaban lentamente al ___.
4. No hablaba ___, de modo que no pudieron entenderlo.
5. El ___, vencido, daba por perdido el combate.
6. ¿Cómo decimos que una enumeración continúa?
7. ¿Cómo se llama algo que cantamos?
8. En esa fiesta patria cantaron el ___ nacional.
9. Es un ___ tan llamativo que capta la atención de los clientes.
10. ¿Qué palabra es un sinónimo de *alhaja*?

Escribe las palabras. Escribe las palabras de
ortografía en una hoja aparte. Luego escribe
una oración con cada palabra para demostrar
que sabes lo que significa.

Lección 30

En esta lección, repasarás las reglas ortográficas de las palabras con *hiato* y *diptongo,* como *días, océano, aire* y *abuela.* También repasarás la *acentuación de los verbos conjugados* en pretérito, imperfecto, pretérito pluscuamperfecto, condicional y futuro, como *partí, cantábamos, habías tenido, diríamos* y *huirán.*

Lee las palabras de ortografía y las oraciones.

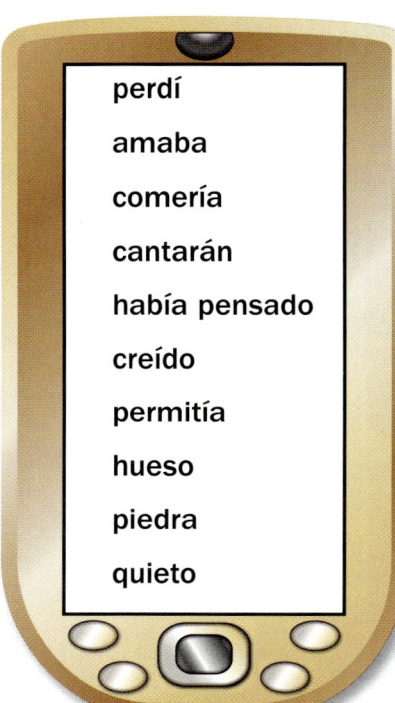

perdí

amaba

comería

cantarán

había pensado

creído

permitía

hueso

piedra

quieto

1. En cuanto me descuidé, lo *perdí* de vista.
2. *Amaba* a ese niño como a un hijo.
3. En tu lugar no *comería* tantos dulces.
4. Los niños del coro *cantarán* un villancico.
5. Él *había pensado* que el tren partiría más tarde.
6. Jamás hubiese *creído* que fuera capaz de eso.
7. En el bar no se *permitía* el ingreso a menores de edad.
8. Cayó de la escalera y se quebró un *hueso.*
9. Si levantas la *piedra,* seguramente hallarás lombrices.
10. Se quedó *quieto* e intentó pasar inadvertido.

Clasifica las palabras de ortografía en tres grupos. Determina si son palabras con hiato, con diptongo, o si se trata de verbos conjugados. Ten en cuenta que algunas palabras pertenecen a más de una categoría. Luego responde la siguiente pregunta.

- ¿Qué grupos formaste?

Aprende la regla ortográfica.

Recuerda que el **diptongo** es la unión de dos vocales en una misma sílaba. El **hiato** se produce cuando se rompe el diptongo y cada vocal forma una sílaba distinta.

Diptongo
ai-re, a-**bue**-la
Hiato
d**í**-**a**s, o-c**é**-**a**-no

También recuerda que los **verbos conjugados** siguen ciertos patrones de acentuación, según la terminación del infinitivo, el tiempo verbal y la persona del verbo conjugado.

partí, cantábamos, habías tenido, diríamos, huirán

Practica separar en sílabas las palabras de esta semana. Responde las preguntas y completa las oraciones.

1. ¿Qué suelen morder los perros?
2. ¿Qué palabra es lo opuesto de *prohibía*?
3. Juan había ___ en su palabra.
4. ¿Qué verbo significa lo mismo que *había creído*?
5. Vendrán los mariachis y ___ una serenata.
6. Tengo tanta hambre que ___ una pizza entera.
7. ___ mucho tiempo haciendo trámites.
8. ¿Qué palabra es un sinónimo de *quería*?
9. Se tropezó con una ___ y cayó torpemente.
10. ¿Qué palabra es lo contrario de *movedizo*?

Escribe las palabras. Escribe las palabras de ortografía en una hoja aparte. Luego escribe una oración con cada palabra para demostrar que sabes lo que significa.